Daniel Lautenbacher

20 Minuten für Digitales-Fingerprinting zur Betrugsprävention

Mit Fallbeispiel und Datenschutzrechtlicher Analyse

GRIN Verlag

Bibliografische Information der Deutschen Nationalbibliothek:

Die Deutsche Bibliothek verzeichnet diese Publikation in der Deutschen National-
bibliografie; detaillierte bibliografische Daten sind im Internet über http://dnb.d-
nb.de/ abrufbar.

Impressum:

Copyright © 2014 GRIN Verlag GmbH
Druck und Bindung: Books on Demand GmbH, Norderstedt Germany
ISBN: 978-3-656-84251-4

Dieses Buch bei GRIN:

http://www.grin.com/de/e-book/284006/20-minuten-fuer-digitales-fingerprinting-
zur-betrugspraevention

GRIN - Your knowledge has value

Der GRIN Verlag publiziert seit 1998 wissenschaftliche Arbeiten von Studenten, Hochschullehrern und anderen Akademikern als eBook und gedrucktes Buch. Die Verlagswebsite www.grin.com ist die ideale Plattform zur Veröffentlichung von Hausarbeiten, Abschlussarbeiten, wissenschaftlichen Aufsätzen, Dissertationen und Fachbüchern.

Besuchen Sie uns im Internet:

http://www.grin.com/

http://www.facebook.com/grincom

http://www.twitter.com/grin_com

Daniel Lautenbacher

20 Minuten für

Digitales-Fingerprinting zur Betrugsprävention

mit Fallbeispiel & Datenschutzrechtlicher Analyse

Inhalt

Vorwort

In diesem kurzen Buch wird ein schneller Einstieg zum Thema Digitales-Fingerprinting ermöglicht. Dieses Buch kann innerhalb von ca. 20 Minuten gelesen werden. Aus diesem Grund sind die Themenfelder stark gekürzt.

Im nachfolgenden wird aufgezeigt was mit einem Digitalen Fingerabdruck gemeint ist und welche Datenschutzrechtlichen Probleme damit einhergehen. Anhand eines Fallbeispiels wird ein möglicher Einsatzzweck des Digitalen-Fingerprintings behandelt.

In diesem Fallbeispiel werden auch die Datenschutzrechtlichen Probleme wieder aufgegriffen und eine Datenschutzkonforme-Nutzungsmöglichkeit aufgezeigt.

Wichtiger Hinweis:

WAS IST EIN DIGITALER-FINGERPRINT?

"Ein digitaler Fingerabdruck eines elektronischen Dokuments ist die Ausgabe einer Einweg-Hashfunktion, die als Eingabe das Dokument erhalten hat. Der digitale Fingerabdruck ist in der Regel kürzer, als das Dokument selbst. Er sollte weiterhin eindeutig sein, d.h. es sollte kein zweites, sinnvolles Dokument mit gleichem digitalen Fingerabdruck existieren. Dieser Idealfall ist nur schwer sicherzustellen."[1]

Ein etwas anderes Beispiel für einen digitalen Fingerabdruck wäre etwa die IP-Adresse, die jedem Nutzer im Internet für eine bestimmte Zeit, eine eindeutige Adresse aus Zahlen zu weißt (z.B. 123.123.123.123). Diese Adresse wird von dem Telekommunikationsanbieter des jeweiligen Nutzers automatisch bei der Einwahl in das Internet an diesen vergeben. Die meist begrenzte Gültigkeit von heute 24 Stunden lässt allerdings keine eindeutige Identifikation eines Nutzers über einen längeren Zeitraum zu.

"Eine IP-Adresse kennzeichnet eindeutig ein Gerät, das in einem TCP/IP basierten Netzwerk vorhanden ist. Die bekannteste Notation der heute geläufigen IPv4-Adressen besteht aus vier Zahlen, die jeweils zwischen 0 und 255 liegen und mit einem Punkt getrennt werden, beispielsweise 127.0.0.1. Technisch gesehen ist die Adresse eine 32-stellige (IPv4) oder 128-stellige (IPv6) Binärzahl."[2]

Ein Digitaler-Fingerprint bietet allerdings die Möglichkeit einen Nutzer über einen längeren Zeitraum im Internet zu verfolgen bzw. zu identifizieren, selbst wenn sich die IP-Adresse des Nutzers ändert.

Die Möglichkeiten eines digitalen Fingerabdruckes bieten auf vielen Gebieten ungeahnte Einsatzmöglichkeiten und Verwendungszwecke. Er lässt sich einfach über eine Einweg-Hashfunktion auch Checksumme genannt aus beliebigen Daten generieren.

"Eine Einweg-Hashfunktion ist eine spezielle Hashfunktion. Einweg-Hashfunktionen sind Hashfunktionen, die folgende Kriterien erfüllen:

- Eingaben beliebiger Größe werden Ausgaben bestimmter Größe zugeordnet (Kompression).
- Aus der Ausgabe kann nicht auf die Eingabe geschlossen werden (Unumkehrbarkeit).
- Die Funktion arbeitet kollisionsfrei, d.h. zu jeder möglichen, sinnvollen Eingabe generiert die Einweg-Hashfunktion genau eine Ausgabe. Anders gesagt: Es ist nicht möglich zu einem Hashwert zwei sinnvolle Eingaben zu konstruieren.

Wenn man diese Definition betrachtet, lassen sich die Hashwerte, die von Einweg-Hashfunktionen zu Eingaben generiert werden, als Aussagen über die Eingaben auffassen. Jede Eingabe läßt sich mit genau einer Aussage beschreiben.

---

[1] TU Berlin (ohne Angabe) , Glossar der technischen Universität Berlin, Stichwort: digitaler Fingerabdruck
[2] Universität Konstanz (ohne Angabe) , Glossar der Universität Konstanz, Stichwort: IP-Adresse

Diese Eigenschaft von Einweg-Hashfunktionen wird ausgenutzt, um sogenannte `digitale Fingerabdrücke' von Daten zu erstellen. Die Metapher paßt zwar nicht so recht, hat sich aber durchgesetzt."[3]

MÖGLICHKEITEN DES DIGITALEN-FINGERPRINTINGS

Ein digitaler Fingerabdruck kann eingesetzt werden um Menschen im Internet über einen längeren Zeitraum zu verfolgen und zu identifizieren. So könnte im Rahmen einer Werbekampagne stets ein digitaler Fingerabdruck gespeichert werden und wichtige Kennzahlen bieten:

- Hat der Nutzer durch die Werbekampagne-A, dass entsprechende Produkt gekauft bzw. die gewünschte Aktion ausgeführt?
- Hat er dies sofort getan?
- Hat er dies erst einige Tage später getan?
- Wurde der Nutzer durch Werbekampagne-B ebenfalls aufmerksam?
- Zu welcher Tageszeit besucht ein Nutzer meine Website?
- Ist es ein wiederkehrender Nutzer?

Ein digitaler Fingerabdruck lässt sich relativ leicht generieren. Ein Nutzer übermittelt stets eine große Anzahl von Daten wie z.B.:

- verwendetes Betriebssystem
- verwendete Sprache
- verwendeter Internetbrowser und dessen Version
- installierte Erweiterungen und dessen Version
- IP-Adresse
- Hostname bzw. genutzter Telekommunikationsanbieter
- etc.

Werden diese Daten nun zusammengefasst zu einer großen Zeichenkette könnte sich z.B. folgendes ergeben:
"Hostname-Second-Level: t-ipconnect.de Sprache:de,en-US;q=0.7,en;q=0.3 Browser: Mozilla/5.0 (Windows NT 6.3; WOW64; rv:33.0) Gecko/20100101 Firefox/33.0JavaScript: zugelassen Bildschirmauflösung: 1680 x 1050Farbtiefe: 24 BitGröße des Browserfensters: 1663 x 939Mozilla/ Firefox Plugin 1: Google UpdateMozilla/ Firefox Plugin 2: Shockwave FlashMozilla/ Firefox Plugin 3: Java(TM) Platform SE 7 U25Mozilla/ Firefox Plugin 4: Java Deployment Toolkit 7.0.250.17Mozilla/ Firefox Plugin 5: VLC Web PluginMozilla/ Firefox Plugin 6: Shockwave for DirectorMozilla/ Firefox Plugin 7: AmazonMP3DownloaderPluginMozilla/ Firefox Plugin 8: Adobe AcrobatMozilla/ Firefox Plugin 9: Adobe Acrobat"

Werden diese Daten nun weiter verarbeitet könnte z.B. folgende Checksumme aus diesen Daten berechnet werden:

SHA1: 209DAD76F0F042DD61BD63BDB79E65073B238045

Im obigen Beispiel wäre also die SHA1-Checksumme dieses Textes ein digitaler Fingerabdruck. Dieser Fingerabdruck würde sich z.B. erst ändern wenn ein anderer

---

[3] TU Berlin (ohne Angabe) , Glossar der technischen Universität Berlin, Stichwort: Einweg-Hashfunktion

Telekommunikationsanbieter oder Browser genutzt werden würde oder der Browser bzw. eine Erweiterung dessen ein Softwareupdate bezieht.

"Der Secure Hash Algorithm, wurde von der NSA als Teil des „Secure Hash Standards" entwickelt. SHA1 ist eine Weiterentwicklung von SHA und funktioniert ähnlich MD4. SHA1 liefert ein 160 bit Extrakt."[4]

Die IP-Adresse kann sich hierbei beliebig oft verändern und der Nutzer bleibt dennoch identifizierbar. Desto mehr Daten des Nutzers ausgelesen werden, desto höher ist die Wahrscheinlichkeit einen Nutzer eindeutig identifizieren zu können. Mit zunehmender Menge an Daten steigt die Unterscheidbarkeit von anderen Nutzern. Der Fingerprint (hier eine SHA1-Checksumme) wird hierdurch aber nicht größer.

Werden nun doppelt so viele Daten wie im ersten Beispiel zugrunde gelegt, so ändert sich zwar die SHA1-Checksumme und damit der Fingerabdruck, aber nicht die Länge bzw. Größe des Fingerabdruckes:

Alter SHA1-Fingerabdruck: 209DAD76F0F042DD61BD63BDB79E65073B238045
Neuer SHA1 Fingerabdruck: FD9C87C7DE67387EF6E569DF8025E3F8EF3D4F70

Dies bedeutet wiederrum, dass der Speicher der für die Speicherung solcher Fingerabdrücke verwendet werden müsste, nicht sehr groß sein muss. Ein Abgleich mit einer Datenbank von bereits gespeicherten Fingerabdrücken könnte sehr schnell erfolgen.

DATENSCHUTZRECHTLICHE PROBLEME

Das gefährliche an dieser Art der Identifikation ist die Tatsache, dass dies nicht durch sogenannte "Cookies" (kleine Textdateien die auf dem jeweiligen Computer gespeichert werden) geschieht.

"Cookies sind Bestandteile eines einfachen Schemas, um in Netzwerken Benutzerprofile zu erstellen.

In der Praxis werden sie so eingesetzt, daß ein Server Informationen -cookies- auf dem Rechner ablegt, von dem der Client seine Dienste abgerufen hat. Diese Informationen können dann per Fernabruf abgefragt werden. So läßt sich eine Übersicht gewinnen, wann der Benutzer welche Dienste angefordert hat.

Daß dies auch ohne Zustimmung des Benutzers möglich ist, stellt einen wesentlichen Kritikpunkt aus der Sicht des Datenschutzes dar."[5]

Bei Cookies wäre der Nutzer in der Lage diese einfach zu löschen. Einen digitalen Fingerabdruck zu ändern ist aber weitaus schwieriger und ihn zu verbergen bzw. zu verhindern unmöglich.

Das Datenschutzgesetz lässt eine anonymisierte Verarbeitung und Nutzung von Daten zu. Das wichtigste hierbei ist die anonymisierte Verarbeitung, d.h. rein

---

[4] Hekerens, C. (2001), VPN-Virtual Private Networks, K. 12, Glossar, Stichwort: SHA1
[5] TU Berlin (ohne Angabe) , Glossar der technischen Universität Berlin, Stichwort: cookies

theoretisch ist es erlaubt einen digitalen Fingerabdruck zu erstellen sofern dieser keine Rückschlüsse auf einen bestimmten Menschen zulässt. Dies ist aber bereits ab dem Zeitpunkt nicht mehr gegeben ab dem ein Nutzer sich einem echten Menschen zuordnen lässt. Dies ist regelmäßig der Fall wenn z.B. eine IP-Adresse gespeichert wird oder sich ein Nutzer in sein persönliches Benutzerkonto mit persönlichen Daten einloggt.

In einem solchen Fall wäre die explizite Zustimmung zur Speicherung solcher Daten bzw. Fingerabdrücke des Nutzers erforderlich.

Eine normale Anwendung ohne entsprechende "Sicherheitsmaßnahmen" ist also in Deutschland nicht möglich. Sobald ein Nutzer also einem echten Menschen zugeordnet werden könnte - gleich ob mit seinen eigenen persönlichen Daten oder anderen Daten (z.B. IP-Adresse) - ist die Nutzung bzw. Verarbeitung und Speicherung dieser Daten nicht mehr gestattet. In einem solchen Fall sollten automatisch alle Daten aus der Datenbank entfernt werden oder im besten Fall eine solche Zuordnung von Anfang an verhindert werden.

Das Datenschutzgesetz bietet allerdings die Möglichkeit Daten in besonderen Fällen zu speichern. Ein solcher besonderer Fall wäre z.B. ein Betrug, im folgenden Fallbeispiel der "Klickbetrug". Zu beachten ist hier jedoch, dass nicht einfach alle Daten von allen Nutzern gespeichert werden dürfen. Diese Regelung erschwert zwar das Vorhaben (Betrugsprävention) lässt es aber nicht unmöglich werden.

"Als Klickbetrug bezeichnet man eine Art des Internetbetruges, die vorrangig auf pro Klick vergütete Werbebannereinblendungen (vergleiche Pay per Click) abzielt. Klickbetrüger können manuell oder unter Zuhilfenahme von Programmen vorgehen. Dabei werden kommerzielle Werbeflächen geklickt oder solche Klicks simuliert, um dahinterliegende Abrechnungssysteme gezielt zu manipulieren."[6]

---

[6] Wikipedia (ohne Angabe), Klickbetrug, http://de.wikipedia.org/wiki/Klickbetrug (Stand: 08.11.2014)

Fallbeispiel

DIGITALES-FINGERPRINTING ZUR BETRUGSPRÄVENTION

In diesem Fallbeispiel wird der Einsatz von digitalen Fingerabdrücken zur Ermittlung von sogenannten "Klickbetrügern" aufgezeigt. Ein Klickbetrüger ist eine Person die einem Unternehmen Schaden zufügt durch das absichtliche Klicken auf Werbeanzeigen. Das jeweilige Unternehmen könnte so z.B. eine Suchmaschinenmarketing-Kampagne im Internet betreiben und bei bestimmten Schlüsselwörtern Werbeanzeigen einblenden. Für jeden Klick auf eine solche Werbeanzeige muss das Unternehmen einen bestimmten Betrag bezahlen. In der Regel werden die Kosten pro Klick und ein Tagesbudget vorab festgelegt. Ein Mittwettbewerber könnte nun das Ziel haben, die Schaltung dieser Werbeanzeigen zu verhindern. Um dieses Ziel zu erreichen sucht dieser Mittwettbewerber nun gezielt nach den entsprechenden Schlüsselwörtern und klickt auf die Werbeanzeigen des Unternehmens. Für jeden dieser Klicks werden nun Kosten verursacht und nach einigen Wiederholungen des Vorganges ist das Tagesbudget aufgebraucht. Wird diese Art des Klickbetruges längere Zeit von einem Mittwettbewerber betrieben entstehen dem jeweiligen Unternehmen hohe Kosten für Werbeeinblendungen ohne Erfolg.

Damit ein Unternehmen sich gegen solche "Klickbetrüger" zur Wehr setzen kann bietet das Fingerprinting eine interessante Möglichkeit.

Sobald ein Nutzer auf die Werbeanzeige klickt wird er auf ein entsprechendes PHP-Script (Programm auf Basis der Webprogrammiersprache PHP) weitergeleitet, dass einen digitalen Fingerabdruck erstellt und speichert sowie den Nutzer anschließend auf die richtige Seite (mit z.B. dem Produkt) weiterleitet. Sollte dies nun öfter passieren - in diesem Fall mehr als 10 mal - wird automatisch eine E-Mail mit der IP-Adresse an den entsprechenden Administrator bzw. verantwortlichen des Unternehmens geschickt.

Dieser könnte nun weitere Maßnahmen wie z.B. eine Strafanzeige gegen unbekannt mit der ermittelten IP-Adresse stellen. Alternativ könnte auch mit der IP-Adresse der Wohnort des "Klickbetrügers" auf ein bestimmtes Gebiet eingegrenzt werden. Im nächsten Schritt könnte dann dieses Gebiet aus der Werbekampagne ausgeschlossen werden.

MÖGLICHE UMSETZUNG & ANWENDBARKEIT

Anbei folgt ein beispielhafter Verlauf vom Klick auf die Werbeanzeige bis hin zur oben genannten Informations-E-Mail:

Phase 1

1.	2.	3.	4.
Nutzer klickt auf Werbeanzeige	Nutzer wird auf PHP-Script weitergeleitet	Fingerab druck wird erstellt + Phase 3	Nutzer wird auf die richtige Seite mit dem Produkt/der Dienstleistung weitergeleitet
	Dauer des Vorganges: unter eine Sekunde!		

Phase 2

5.	6.	7.
Nutzer führt "Aktion" aus; kauft ein Produkt oder sendet eine Anfrage	Fingerabdruck wird erstellt	Alle Daten des Fingerabdruckes sowie der Eintrag in der Datenbank mit dem Fingerabdruck selbst werden gelöscht

Phase 3 (Zwischenschritt)

3.1	3.2	3.3	3.4
Fingerabdruck wird abgefragt	Unter 10 Zugriffe ohne Aktion	IP-Adresse wird nicht gespeichert	Zugriffszeit wird in Datenbank vermerkt
	Über 10 Zugriffe ohne Aktion	IP-Adresse wird gespeichert	Informations-E-Mail an Administrator mit IP und gespeicherten Zugriffszeiten

BEISPIELHAFTER PHP-CODE

An dieser Stelle ist ein beispielhafter PHP-Code zur Erzeugung einer MD5-Checksumme (sehr einfacher Fingerabdruck) abgebildet:

```php
<?php

$ip = $_SERVER["REMOTE_ADDR"];

$host = gethostbyaddr($ip);

$info3 = "Hostname: ".$host;

$info6 = $_SERVER["HTTP_USER_AGENT"];

preg_match('@^(?:http://)?([^/]+)@i',
    $info3, $matches);
$host = $matches[1];

preg_match('/[^.]+\.[^.]+$/', $host, $matches);
$tld_host = "{$matches[0]}\n";

$fingerprint_base = $info6 . $tld_host ;

$fingerprint = md5($fingerprint_base);
?>
```

Datenschutzkonformität & Fazit

DATENSCHUTZKONFORMITÄT

Bei dem gezeigten Beispiel unter dem Punkt "Mögliche Umsetzung & Anwendbarkeit" ist eine Datenschutzkonforme Verarbeitung, Speicherung und Nutzung dieser Daten grenzwertig möglich.

Hierfür ist u.a. wichtig:
- der Fingerprint darf nicht jeden Nutzer <u>tatsächlich</u> identifizierbar machen (anonymisierte Verarbeitung, Speicherung und Nutzung)
- die IP-Adresse darf nur in einem vorher definierten <u>Ausnahmefall</u> gespeichert und an den Administrator übermittelt werden; das Interesse muss unbedingt dem des Nutzers überwiegen, wie in diesem Betrugsfall
- kein Verdacht ->Prinzip der Datensparsamkeit->Löschung aller Daten

In jedem Fall sollten solche Techniken nur im Ermessen und unter Abwägung des Einzelfalles herangezogen werden.

Im BDSG (Bundesdatenschutzgesetz) heißt es daher auch unter § 4:

"Ohne seine Mitwirkung dürfen sie nur erhoben werden, wenn eine Rechtsvorschrift dies vorsieht oder zwingend voraussetzt oder die zu erfüllende Verwaltungsaufgabe ihrer Art nach oder der Geschäftszweck eine Erhebung bei anderen Personen oder Stellen erforderlich macht oder die Erhebung beim Betroffenen einen unverhältnismäßigen Aufwand erfordern würde und keine Anhaltspunkte dafür bestehen, dass überwiegende schutzwürdige Interessen des Betroffenen beeinträchtigt werden."

FAZIT

Digitale-Fingerabdrücke bieten viele Vorteile für Unternehmen aller Art. So lassen sich wichtige Kennzahlen und Daten zur Analyse von Nutzerverhalten auch in anonymisierter Form speichern und verwerten.

Insbesondere im Bereich des "Klickbetruges" ist ein Einsatz schnell und unkompliziert möglich. Auf diese Weiße können mit geringem Aufwand hohe Kosten, für z.B. sonst erfolgslose Marketingaktivitäten eingespart werden. Die Technik kann auch zur Abwehr anderer Arten von Angriffen im Internet eingesetzt werden.

Der Einsatz von Fingerprinting-Techniken ist Datenschutzrechtlich allerdings höchst bedenklich und sollte stets erst nach einer detaillierten Überprüfung der jeweiligen und aktuell geltenden Rechtslage durchgeführt werden.